Matthias Wendler

Schlankes Benchmarking im Mittelstand

Matthias Wendler

Schlankes Benchmarking im Mittelstand

Methodik und Praxisbeispiele

Trainerverlag

Imprint

Cover image: www.ingimage.com

Publisher:
Der Trainerverlag
is a trademark of
International Book Market Service Ltd., member of OmniScriptum Publishing Group
17 Meldrum Street, Beau Bassin 71504, Mauritius

Printed at: see last page
ISBN: 978-620-2-49489-2

Schlankes Benchmarking im Mittelstand

Methodik

Praxisbeispiel

Im Kontext einer Kostenmanagement-initiative

Als Startpunkt für ein vereinfachtes Toyota-Produktionssystem

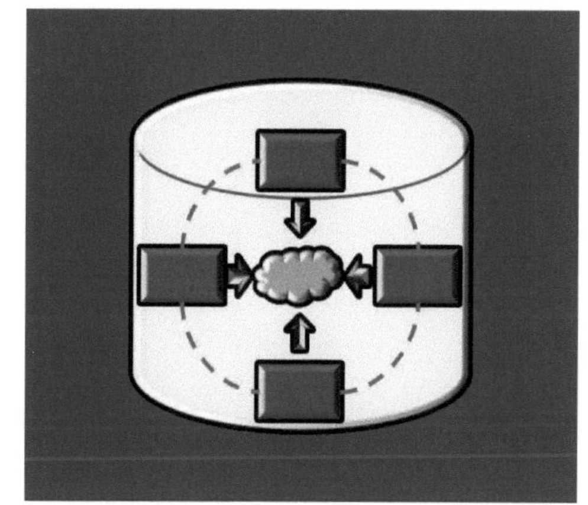

ORGLINEA

Schlankes Benchmarking im Mittelstand

OrgLinea

Inhalt

Vorwort

Digitalisierung und Globalisierung dominieren die Wirtschaftsnachrichten. Diese ändern jedoch nichts an der Wettbewerbsfähigkeit eines jeden Unternehmens als Ausgangslage für das Bestehen und mögliche Wachstum in Zeiten großer Herausforderungen.

Mit Benchmarking erhalten Unternehmen ein Werkzeug mit dem sie ihre Position im relevanten Wettbewerb erkennen können. Sowohl digitalisierte als auch konventionelle Geschäftsmodelle müssen Umsatz generieren und Kosten begrenzen und die Liquidität sicherstellen. Je globaler und damit härter der Wettbewerb ist, desto wichtiger wird, dass alle Potenziale zur Umsatzsteigerung und Kostensenkung erkannt und umgesetzt werden. Benchmarking liefert hierfür quantifizierte Ansatzpunkte. Oder mit anderen Worten: Nie war Benchmarking so wichtig wie heute.

Der Mittelstand ist auf schlanke Methoden angewiesen, die sich in vernünftiger Zeit zu vertretbaren Kosten einsetzen lassen. Genau hierfür ist das Datenbank-gestützte Benchmarking aufgebaut worden. Im BenchmarkIndex® sind die wichtigsten Kennzahlen von mehr als 100.000 mittelständischen Unternehmen weltweit enthalten. Darin findet sich für fast jede Branche ein Pool an wettbewerbsrelevanten Unternehmen. Die Kennzahlen umfassen dabei in Anlehnung an die Balanced Scorecard-Methodik die Perspektiven Finanzen, Kunden, Prozesse und Beschäftigte. Alle Informationen in der Datenbank werden anonymisiert gespeichert, so dass auch höchste Ansprüche an den Datenschutz gewährleistet werden.

Die vorliegende Artikelsammlung soll einen Einblick geben in die Methodik des Datenbank-gestützten Benchmarkings, die Potenziale anhand eines Beispiels aus der kunststoffverarbeitenden Industrie aufzeigen und darstellen, wie Benchmarking erfolgreich eingesetzt werden kann im Rahmen eines übergeordneten Kostensenkungsprojekts. Ergänzend beschreibt die Einführung eines vereinfachten

Toyota-Produktionssystems, wie die permanente Verbesserung der Wettbewerbsfähigkeit eines mittelständischen Unternehmens umgesetzt werden kann.

Ich wünsche eine anregende Lektüre und freue mich auf eine Zusammenarbeit mit Ihnen.

Matthias Wendler

Matthias Wendler ist geschäftsführender Gesellschafter der OrgLinea Managementberatung Stuttgart und ist seit über 20 Jahren aktiv in mittelständischen Unternehmen. Er gewann 2006 den Landespreis Baden-Württemberg für eine „herausragende und vorbildliche Betriebsnachfolge“ und wurde im Jahr darauf Finalist beim „Entrepreneur des Jahres“.

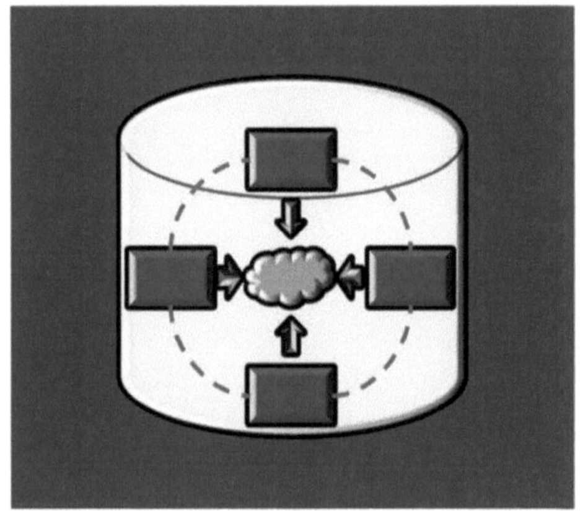

Benchmarking im Mittelstand – Methodik

Management Summary

Das Datenbank-basierte Benchmarking der OrgLinea mithilfe des BenchmarkIndex® ermöglicht einen „Röntgenblick“ durch ein Unternehmen und liefert eine schnelle Identifikation und Bewertung von Effizienzpotenzialen. Der schlanke Ansatz ist besonders für mittelständische Unternehmen geeignet:

- Überschaubarer Aufwand mit geringem Zeitaufwand für die Datenerhebung und Ergebnisbericht
- In vielen Fällen zum Festpreis möglich
- Analyse von etwa 60 Kennzahlen auf Unternehmens- oder Bereichsebene mit Balanced Scorecard-Systematik für direkte Ursache-Wirkungszusammenhänge
- Umfangreiche relevante Vergleichsgruppe durch Zugriff auf die weltweit größte Benchmarking-Datenbank mit mehr als 100.000 aktuellen Unternehmensdatensätzen
- Strikt anonymisierte Auswertung
- Ergebnis mit Stärke-Schwäche-Profil zeigt monetär bewertete Potenziale für Umsatzsteigerungen, Kostensenkungen und Liquiditätsverbesserungen

Das Datenbank-Benchmarking ist eine effiziente Methode für betriebswirtschaftlich relevante Erkenntnisse, die deutlich über das interne Rechnungswesen hinausgehen.

Benchmarking-Grundlagen

Benchmarking ist ein kennzahlenbasierter Vergleich mit anderen Unternehmen. Durch Abweichung von Ist-Wert des Unternehmens und bester Ausprägung– dem Benchmark – innerhalb der relevanten Vergleichsgruppe ergibt sich das Potenzial für die betrachtete Kennzahl.

Abbildung 1: Kennzahlenvergleich

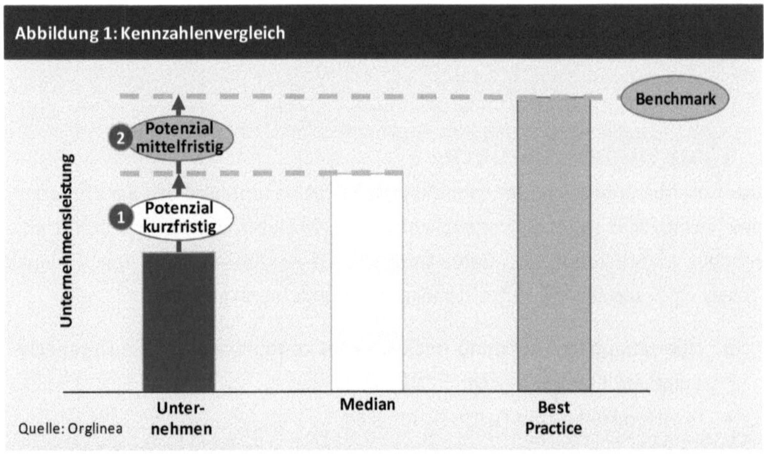

Quelle: Orglinea

Das OrgLinea-Benchmarking umfasst etwa 60 Kennzahlen. Für jede Kennzahl wird dabei, neben dem Ist-Wert des Unternehmens und dem Benchmark, auch der Medianwert geliefert (vgl. Abbildung 1). Für Kennzahlen mit einer schwachen Ausprägung innerhalb der Vergleichsgruppe kann damit das Gesamtpotenzial aus der Differenz zwischen Ist-Wert und Benchmark in zwei Teile aufgespalten werden. Dies ermöglicht im Anschluss eine entsprechende Priorisierung bei der Aufstellung eines Maßnahmenplans zur Verbesserung der Unternehmensperformance. Dabei bietet sich an, in einer ersten Phase, mit kurzfristig umsetzbaren Maßnahmen zunächst den Medianwert der betreffenden Kennzahlen zu erreichen. In einer zweiten Phase können dann die weiteren Potenziale adressiert werden.

Methodisch kann Benchmarking entweder Datenbank-basiert oder Prozess-orientiert erfolgen (vgl. Abbildung 2). Der Datenbank-Ansatz ist besonders für kleinere und mittlere Unternehmen geeignet, da er zügig mit überschaubarem Aufwand Ergebnisse liefert. Dabei ist der Umfang der Vergleichsgruppe in der Datenbank typischerweise groß mit 20-200 Unternehmen in der relevanten Branche und Unternehmensgrößenklasse. In der Datenbank erfolgt das Benchmarking mit aggregierten Werten auf Unternehmens- oder Bereichsebene. Die relevante Branche kann dabei die des Unternehmens sein, oder eine andere, die von besonderem Interesse ist. Beispielsweise der Vergleich eines Industrieunternehmens mit Internetunternehmen zur Identifizierung von Potenzialen hinsichtlich Innovationskraft und Mitarbeiterführung.

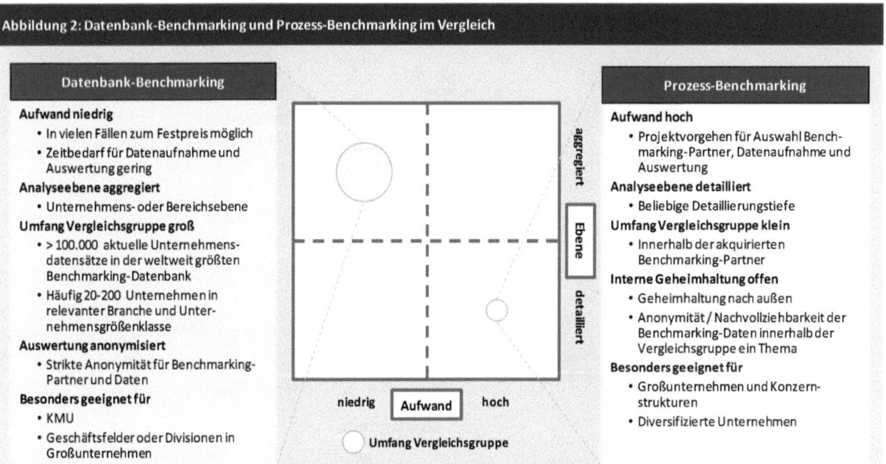

Abbildung 2: Datenbank-Benchmarking und Prozess-Benchmarking im Vergleich

Quelle: Orglinea

Dagegen ist das Prozess-Benchmarking besonders für größere und komplexere Unternehmen geeignet. Die Auswahl der geeigneten Benchmarking-Partner, die Datenaufnahme auf einer beliebigen Detaillierungsebene und die Auswertung der Daten haben Projektcharakter, wodurch der Aufwand für dieses Vorgehen deutlich höher ist als bei einem Datenbank-gestützten Ansatz. Typischerweise ist die Vergleichsgruppe mit einer Handvoll Benchmarking-Partner dabei klein. Die Geheimhaltung und Nachvollziehbarkeit der Daten innerhalb der Vergleichsgruppe kann problematisch sein.

Das Datenbank-gestützte Benchmarking der OrgLinea ist analog einer Balanced Scorecard aufgebaut mit den klassischen Perspektiven Finanzen, Kunden, Lernen & Entwicklung (Beschäftigte) sowie Geschäftsprozesse. Damit lässt sich ein Ursache-Wirkungszusammenhang herstellen, der eine hypothesenbasierte Analyse der Kennzahlen ermöglicht (vgl. Abbildung 3). Die Auswertung der Daten innerhalb der Vergleichsgruppe erfolgt dabei strikt anonymisiert.

Abbildung 3: Balanced Scorecard und Ursache-Wirkungs-Zusammenhänge der Datenbank

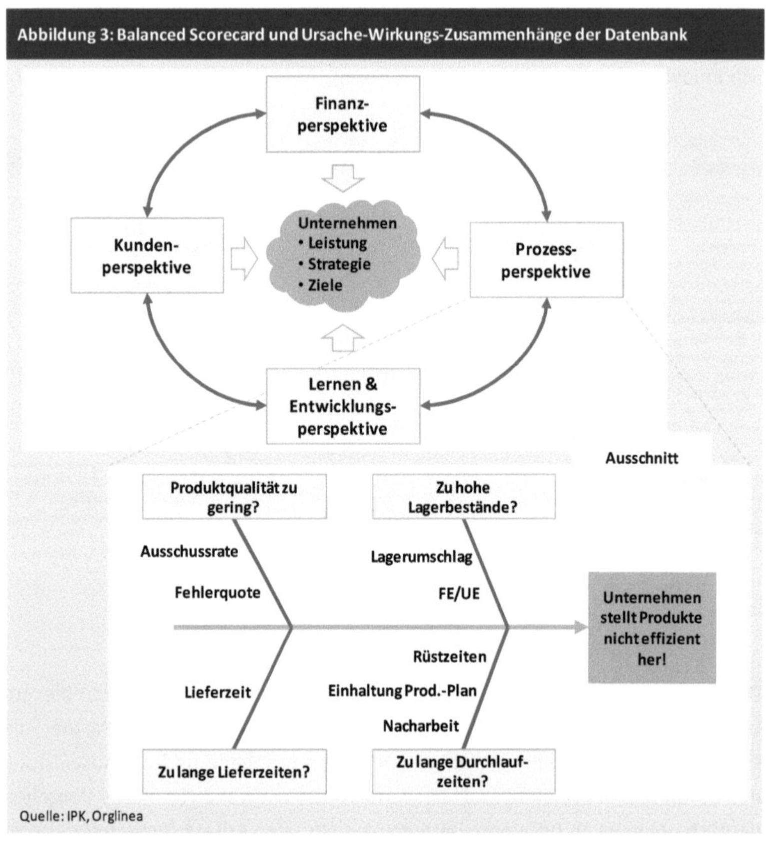

Quelle: IPK, Orglinea

Unsere Erfahrung zeigt, dass kein Unternehmen bei allen Kennzahlen „top" ist, sondern immer Kennzahlen existieren, die große Potenziale aufzeigen. Das Benchmarking legt damit den Finger auf die Wunde der „Produktivitätskiller", die eine noch bessere Performance bis dato verhindert haben. Der

Kennzahlenvergleich erfolgt mit der weltweit größten Benchmarking-Datenbank mit mehr als aktuellen 100.000 Unternehmensdatensätzen für nahezu alle Industrie- und Dienstleistungsbranchen. Die OrgLinea kooperiert dabei mit dem Fraunhofer-Institut IPK.

Das Vorgehen ist darauf ausgelegt, mit einem überschaubaren Aufwand belastbare Resultate zu erzielen. In vielen Fällen ist das Benchmarking für mittelständische Unternehmen zum günstigen Festpreis möglich und liefert meist große und tatsächlich realisierbare Potenziale für Umsatzsteigerungen, Kostensenkungen und Liquiditätsverbesserungen. Die Benchmarking-Analyse erfolgt dabei anhand von insgesamt 63 Kennzahlen (vgl. Abbildung 4).

Abbildung 4: Vollständige Analysestruktur im Datenbank-Benchmarking

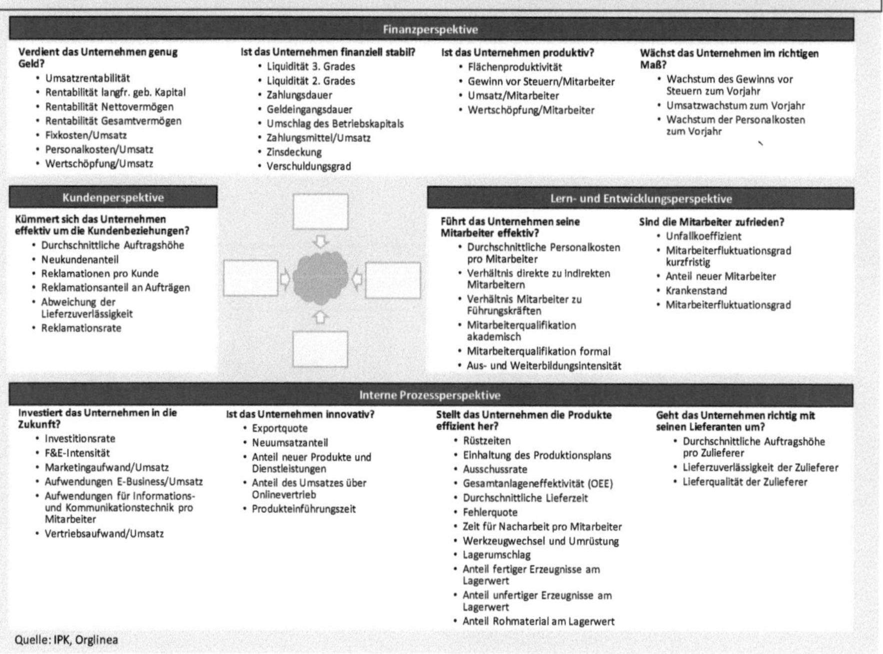

Quelle: IPK, Orglinea

Eine aktuelle Studie von Bain & Company aus 2015 bekräftigt die Bedeutung von Benchmarking und Balanced Scorecard. Unter deutschen Managern belegt Benchmarking Platz 3 bei dem Einsatz der beliebtesten Managementwerkzeugen mit einem Nutzungsgrad von 48% und die Balanced Scorecard belegt Platz 6 mit einem Nutzungsgrad von 39% (vgl. Abbildung 5).

Benchmarking-Ergebnisse

Das Datenbank-Benchmarking liefert Erkenntnisse über die relative Position des betrachteten Unternehmens innerhalb der relevanten Vergleichsgruppe. Für jede der 63 Kennzahlen wird der Absolutwert des betrachteten Unternehmens und die relative Position im Vergleich zur Vergleichsgruppe[1] ermittelt. So wird das Potenzial identifiziert und der Abstand zum Median und zur Best Practice quantifiziert (vgl. Abbildung 6). In dem Beispiel beträgt die Produkteinführungszeit 8,5 Monate mit einem Perzentil von 24, was bedeutet, dass nur 24% aller Unternehmen in der Vergleichsgruppe noch schlechter sind. Dagegen benötigen Top-Unternehmen nur 2,5 Monate für die Einführung eines neuen Produkts.

Abbildung 5: Bedeutung von Benchmarking (Die beliebtesten Instrumente deutscher Manager)

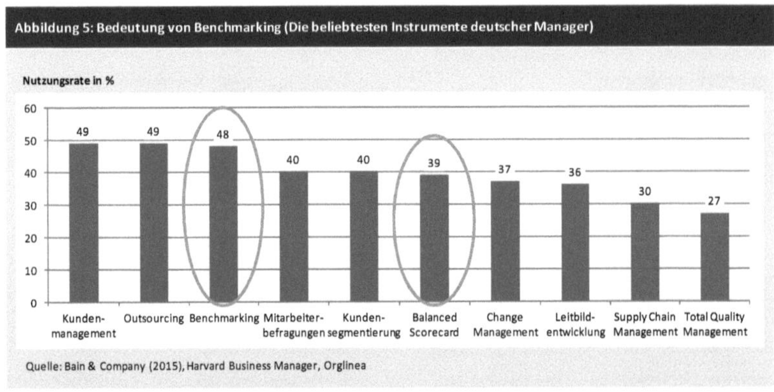

Quelle: Bain & Company (2015), Harvard Business Manager, Orglinea

Die Ergebnisse zeigen den quantifizierten unternehmensspezifischen Handlungsbedarf auf und ermöglichen so eine entsprechende Priorisierung von Maßnahmen zur Realisierung der Potenziale.

[1] In %, entspricht Perzentil, 100 = Weltklasse

Abbildung 6: Beispiel Benchmarking-Ergebnis (Ausschnitt)

Prozess-perspektive	Relativer Wert	Absolutrer Wert	Sehr schwach	Schwach	Median	Stark	Sehr stark
Fehlerquote (ppm)	40	7.863	83.674	9.004	5.009	995	0
Ausschussrate (%)	90	0,36	12,94	4,57	2,98	1,09	0,00
Produkteinführungszeit (m)	24	8,5	12,5	6,5	4,8	3,5	2,5
Rüstzeiten (min)	40	22	120	25	15	5	4
Werkzeugwechsel und Umrüstung (%)	90	1,08	30,37	15,30	9,18	3,12	0,05
Einhaltung des Produktionsplans	90	98,5	52,03	81,64	92,59	95,92	100

Quelle: Benchmarkreport

Darüber hinaus kann das Benchmarking in das Qualitätsmanagement integriert werden. Anspruchsvolle QM-Systeme wie beispielsweise DIN ISO 9000, VDA 6.1 und TS 16949 setzen Benchmarking für eine erfolgreiche Zertifizierung voraus. Außerdem können die Benchmarking-Ergebnisse zur Vorbereitung auf ein Rating nach Basel II/III-Anforderungen genutzt werden.

Im Hinblick auf eine kontinuierliche Verbesserung ist es empfehlenswert, das Benchmarking in regelmäßigen Abständen zu wiederholen. Neben dem Unternehmen entwickelt sich auch die relevante Vergleichsgruppe permanent weiter, was neue Erkenntnisse über die relative Position und die realistischen Verbesserungspotenziale liefert.

Praxisbeispiel

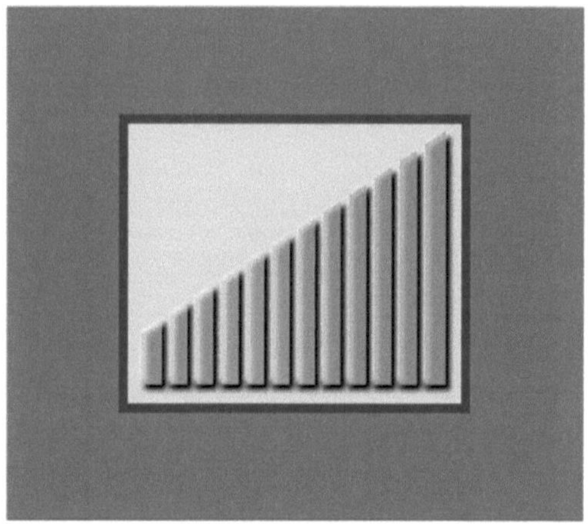

Praxisbeispiel Benchmarking im Mittelstand: Potenziale bei Umsatz, Kosten und Liquidität

Management Summary

Benchmarking bei einem mittelständischen Kunststoffverarbeiter mit Jahresumsatz von 25 MEUR und 200 Beschäftigten lieferte interessante Potenziale zur Steigerung der Wettbewerbsfähigkeit. Konservativ geschätzt ergaben sich Potenziale für Umsatzsteigerungen von 2,4 MEUR jährlich, für Kostensenkungen von 2,3 MEUR pro Jahr und für einen Liquiditätseffekt von 4,0 MEUR.

Vorgehen

Der Klient war ein mittelständisches Unternehmen in der kunststoffverarbeitenden Industrie und realisierte einen Jahresumsatz von 25 MEUR mit etwa 200 Beschäftigten. Wachstumsdynamik und Ergebnisqualität waren deutlich unterdurchschnittlich[2]. Der Klient beauftragte die OrgLinea mit der Durchführung eines Benchmarkings, um Ansatzpunkte für Verbesserung der Unternehmensperformance zu identifizieren.

Die OrgLinea führte das Benchmarking in Kooperation dem Fraunhofer-Institut IPK durch. Dabei wurden etwa 70 Kennzahlen analysiert und mit den jeweiligen Best Practices in der kunststoffverarbeitenden Industrie verglichen. Diese Kennzahlen waren analog der Balanced-Scorecard-Systematik den Perspektiven Finanzen, Kunden, Beschäftigte und Geschäftsprozesse zugeordnet. Der Kennzahlenvergleich basierte auf der weltweit größten Benchmarking-Datenbank mit mehr als 100.000 aktuellen Unternehmensdatensätzen.

Das Benchmarking erfolgte in drei Schritten.

Schritt 1. Vor-Ort nahm die OrgLinea gemeinsam mit dem Klienten die relevanten Kennzahlen auf. Besondere Bedeutung hatte die Datenqualität, damit die Kennzahlen in der anschließenden Auswertung sicher den Daten der Unternehmen in der Vergleichsgruppe gegenübergestellt werden konnten.

Schritt 2. Die Daten wurden in der Benchmarking-Datenbank analysiert. Als relevante Vergleichsgruppe wurden mehr als 150 Kunststoffverarbeiter in Deutschland und im europäischen Ausland in der entsprechenden Umsatzgrößenklasse identifiziert. Die Auswertung erfolgte anonymisiert. Aus dem Datenbank-Rohbericht erstellte die OrgLinea den Ergebnisbericht für den Klienten. Dieser Bericht enthielt für alle Kennzahlen die relative Position des Klienten im Hinblick auf die Vergleichsgruppe und außerdem Ansatzpunkte für eine Performancesteigerung bei den Kennzahlen, die eine besonders große Abweichung zur

[2] Alle Angaben neutralisiert, Rückschluss auf das Unternehmen nicht möglich, alle Angaben basieren auf tatsächlichen Projektresultaten

Vergleichsgruppe aufwiesen. Dabei wurden Potenziale sowie Aufwendungen für betreffende Maßnahmen geschätzt und monetär bewertet.

Schritt 3. Präsentation der Ergebnisse beim Klienten. Der Klient entschied im Anschluss über Priorisierung und Umsetzung der Maßnahmen.

Das Vorgehen war darauf ausgelegt, schnell konkrete und umsetzbare Ansatzpunkte für eine Steigerung der Unternehmensperformance zu liefern. Der Aufwand für die drei Benchmarking-Schritte war überschaubar mit insgesamt zwei Beratungstagen.

Verbesserungspotenziale

Das Benchmarking für den mittelständischen Kunststoffverarbeiter ergab, dass von den etwa 70 analysierten Kennzahlen insgesamt 13 ein besonders hohes Verbesserungspotenzial signalisierten mit einer relativen Position[3] von höchstens 25, womit nur 25 %, oder entsprechend weniger, aller Unternehmen in der Vergleichsgruppe einen schlechteren Wert aufwiesen als das Unternehmen.

[3] Entspricht Perzentil

Abbildung 1: Kennzahlen mit größten Abweichungen zur Vergleichsgruppe

Nr.	Rel. Pos.	Kennzahl	Ansatzpunkte	Geschätzter Aufwand	Ergebnispotenzial
			Finanzperspektive		
13	18	Zahlungsmittel	Bereitstellung zusätzlicher flüssiger Mittel	370 T€, Liq.-Effekt	Vermeidung von Friktionen durch Liq.-Mangel
10	9	Zahlungsdauer	Erhöhung Zahlungsdauer	gering	2.315 T€, Liq.-Effekt
			Kundenperspektive		
24	24	Neukundenanteil	Vertriebsaktivitäten ausbauen • Vertriebscontrolling • Vertriebsbeauftragten rekrutieren	350 T€ p.a., Personalkosten-steigerung	2.360 T€ p.a., Umsatz-steigerung
25	17	Reklamationen	Qualitätsmanagement und Reklamations-bearbeitung weiterentwickeln (vgl. Prod.-System)	190 T€ p.a., Personalkosten-steigerung	Mehrumsatz Kostensenkung
			Beschäftigtenperspektive		
29	25	Personalkosten	Personalmanagement weiterentwickeln • Entlohnungsmodell • Karrierestufen • Feedbackgespräche • Mitarbeiterförderung • Aus- und Weiterbildung • Monitoring Arbeitsproduktivität	gering	1.100 T€ p.a., Kosten-senkung
32	0	Akademikerquote			Know-how Netzwerk Mitarbeitermotivation Produktivität Qualität
34	0	Aus- und Weiterbildung		30 T€ p.a., Kosten-steigerung	
			Prozessperspektive		
40	23	Investitionsrate	Produktionssystem weiterentwickeln • Smart-just-in-time-Konzept • Flussorganisation • Standardisierung • Bestandsminimierung • Andon • Visualisierung • Systematische Fehleranalyse • Fertigungsorientierte Produktentwicklung • Lieferantenintegration	470 T€ p.a. Investitions-steigerung	
58	20	Nacharbeit		Mittlerer organisatorischer Aufwand Geringe zusätzliche externe Kosten	35 T€ p.a., Kosten-senkung
60	16	Lagerumschlag			1.735 T€, Liq.-Effekt
54	14	Ausschussrate			980 T€ p.a., Kosten-senkung
52	8	Rüstzeiten			200 T€ p.a., Kostenred.
41	0	Forschung & Entwicklung	F&E-Aktivitäten steigern	35 T€ p.a., Kosten-steigerung	Mehrumsatz MA-Qualifikation, Motivation, Rekrutierung

Für eine erste Schätzung der Verbesserungspotenziale der 13 kritischen Kennzahlen wurde ein konservativer Ansatz gewählt. Dabei wurde lediglich der Abstand des Unternehmens zum Median in der Vergleichsgruppe als Messlatte für eine monetäre Bewertung der Potenziale herangezogen.

Bereits diese zurückhaltende Abschätzung lieferte ein Liquiditätspotenzial von einmalig 4,0 MEUR, ein zusätzliches Umsatzpotenzial von 2,4 MEUR jährlich und ein Kostensenkungspotenzial von 2,3 MEUR pro Jahr (vgl. Abbildung 1). Alle vier Perspektiven der Balanced Scorecard – Finanzen, Kunden, Beschäftigte und

Prozesse – wiesen deutliche Verbesserungspotenziale auf. Besonders vielversprechend waren Maßnahmen zur Erhöhung der Lieferantenzahlungsdauer (Working Capital), zum Ausbau der Vertriebstätigkeiten sowie die Weiterentwicklung von Personalmanagement- und Produktionssystem.

Den Potenzialen gegenüber standen geschätzte Aufwendungen für einen einmalig erhöhten Liquiditätsbedarf von 0,4 MEUR, jährliche Kostensteigerungen von 0,6 MEUR und ein um 0,5 MEUR erhöhter Investitionsbedarf pro Jahr. Konsolidiert ergaben sich damit ein einmaliges Liquiditätspotenzial von 3,6 MEUR, ein zusätzliches Umsatzpotenzial von 2,4 MEUR pro Jahr und ein jährliches Kostensenkungspotenzial, unter kalkulatorischer Berücksichtigung der zusätzlichen Investitionen, von 1,2 MEUR.

Erste Ergebnisse der Umsetzung

Die Verantwortung für die Realisierung der Potenziale lag beim Unternehmen. Dabei zeigte sich, dass Maßnahmen zur Verbesserung der Liquiditätssituation besonders schnell und effektiv umgesetzt werden konnten. Bereits sechs Monate nach der Benchmarkinganalyse konnte das Unternehmen die Vorräte um **10%** und die Bankverbindlichkeiten um **27%** reduzieren bei gleichzeitig gestiegenen Umsatzerlösen.

Benchmarking im Rahmen einer Kostenmanagementinitiative

Management Summary

Ein Kostenmanagement, das kontinuierlich Impulse liefert zu einer Verbesserung der Kostenposition, hat eine große Bedeutung für die Wettbewerbsfähigkeit von Unternehmen.

Eine konsequente Kostenmanagementinitiative umfasst typischerweise das gesamte Unternehmen. Für eine erfolgreiche Umsetzung sind daher sowohl Aspekte des Change Managements als auch überzeugende analytische Werkzeuge notwendig. Hierbei eignet sich das Benchmarking besonders, um den Blick über das interne Rechnungswesen hinaus in das Wettbewerbsumfeld zu erweitern und so ambitionierte, aber erreichbare Einsparziele zu setzen.

Die OrgLinea hat deshalb eine Roadmap entwickelt für die Implementierung einer Kostenmanagementinitiative in mittelständischen Unternehmen. Diese beinhaltet neben den analytischen Werkzeugen – insbesondere Benchmarking, daneben Aktivitäts- und Kostenstrukturanalyse – auch einen zeitgemäßen Change Management-Ansatz für eine effektive Umsetzung im Unternehmen. Die Roadmap minimiert dabei den Umfang der externen Beratungsunterstützung.

Die Herausforderung

Ein wirksames Kostenmanagement hat – neben Wachstumsstrategie und Preispolitik – eine überragende Bedeutung für die Wettbewerbsfähigkeit und damit langfristige Prosperität eines Unternehmens.

Zahlreiche Beispiele in der kürzeren Vergangenheit wie Schlecker, Solar Millennium und andere zeigen, dass mangelnde Konsequenz in diesem Bereich existenzielle Auswirkungen haben kann.

Obwohl dieser Zusammenhang hinlänglich bekannt ist, werden Initiativen für ein nachhaltiges Kostenmanagement, das kontinuierlich Impulse liefert zu einer Verbesserung der Kostenposition, in vielen mittelständischen Unternehmen nicht oder unzureichend umgesetzt. Mangelnde Veränderungsbereitschaft und Vorbehalte gegenüber einer externen Unterstützung können gewichtige Gründe dafür sein.

Die OrgLinea hat deshalb eine Roadmap entwickelt zur Implementierung eines nachhaltigen Kostenmanagements. Neben analytischen Werkzeugen – Benchmarking, Aktivitäten- und Kostenstrukturanalyse – integriert diese Roadmap auch einen Change Management-Ansatz zur effektiven Umsetzung in der Unternehmensorganisation. Dabei ist die Roadmap ausgelegt auf eine schlanke, aber wirkungsvolle externe Beratungsunterstützung.

Die OrgLinea-Roadmap

Die OrgLinea-Roadmap für eine Kostenmanagementinitiative enthält fünf Kernelemente: Potenzialermittlung, Maßnahmenplanung, Implementierung, Change Management und Projektmanagement (vgl. Abbildung 1).

Potenziale ermitteln

Mit den Werkzeugen Benchmarking, Aktivitäten- und Kostenstrukturanalyse werden die Verbesserungspotenziale identifiziert und monetär bewertet. Auf dieser Grundlage werden die Ziele für das Vorhaben festgelegt.

Das Benchmarking in der Roadmap umfasst die Analyse von etwa 70 Kennzahlen. Die Auswertung erfolgt dabei mit der weltweit größten Benchmarking-Datenbank mit mehr als 100.000 aktuellen Unternehmensdatensätzen. Diese liefert

Potenziale für die vier Perspektiven[4] Finanzen, Kunden, Beschäftigte und Geschäftsprozesse.

Die Beratungsschwerpunkte dieser Phase liegen auf der Bereitstellung von Werkzeugen für die Analysen zur Potenzialermittlung und Zielsetzung. Bei entsprechender Ressourcenausstattung benötigt die Potenzialermittlung etwa zwei Wochen.

Maßnahmen planen

Für die Realisierung der gesetzten Ziele werden entsprechende organisatorische und technische Maßnahmen identifiziert, priorisiert und in eine Maßnahmenplanung überführt. Dies erfolgt typischerweise in Workshops, in denen alle betroffenen Unternehmensbereiche vertreten sind.

Die Schwerpunkte der externen Unterstützung in dieser Phase liegen auf der Workshop-Moderation und der Bereitstellung von Best Practices. Die Maßnahmenplanung benötigt etwa zwei bis vier Wochen.

Abbildung 1: Roadmap zur Implementierung eines nachhaltigen Kostenmanagements

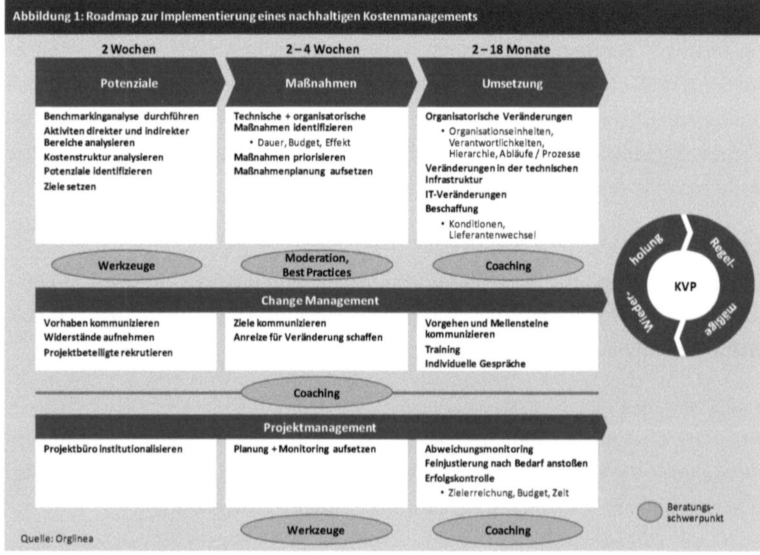

Quelle: Orglinea

[4] Analog Balanced Scorecard

Umsetzung

Die Umsetzung der Maßnahmen zur Veränderung von Organisation, (Produktions-)Infrastruktur, IT-Basis und Beschaffung erfolgt weitgehend mit internen Ressourcen.

Der Beratungsschwerpunkt liegt dabei auf einem punktuellen Coaching der Hauptakteure des Wandels. Die Umsetzung dauert, in Abhängigkeit von Unternehmensgröße und -komplexität, etwa zwei bis 18 Monate.

Change Management

Das Change Management der Roadmap ist angelehnt an die idealtypische Transformationskurve von Veränderungsprojekten (vgl. Abbildung 2, analog BCG-Change Curve).

Nach einer Phase von Stagnation und Unzufriedenheit beschließt die Unternehmensführung, einen Wandel herbeizuführen. In der folgenden Sensibilisierung werden zunehmend mehr Führungskräfte in Planung und Kommunikation involviert. Dabei soll eine Unzufriedenheit mit dem Status Quo erzeugt und der Appetit für Veränderungen geweckt werden. Bislang fehlende Fähigkeiten, auch in Überzeugungen und Verhalten, werden weiterentwickelt. Dies sorgt für Begeisterung, aber auch für Skepsis in der Belegschaft. Glaubwürdigkeit und Vorbildcharakter der Führungskräfte haben eine hohe Bedeutung, um eine kritische Masse an Veränderungsbereitschaft zu erreichen. In der anschließenden Implementierung werden immer mehr Beschäftigte in allen Unternehmensteilen einbezogen. Wichtig sind Erwartungsmanagement und die andauernde Fokussierung auf die Umsetzung der Maßnahmen mit den Verantwortlichen. Erste Erfolge sorgen für eine positive Verstärkung der Veränderungsbereitschaft. Dies kann zu unrealistischen Erwartungen führen, die dann im Anschluss enttäuscht werden. Damit verschwindet der vormalige Enthusiasmus. In der folgenden Phase der Determination ist entscheidend, diese Konflikte, Reibereien und auftretenden Fehler zu adressieren. In dieser Phase müssen die Führungskräfte den Wandel weiter vorantreiben, die Belegschaft neu motivieren und mögliche Zielkonflikte entschärfen. Dieses schafft die Grundlage dafür, die identifizierten Potenziale auch tatsächlich zu realisieren. Anerkennung sollte dann großzügig gewährt werden und der nächste Veränderungszyklus bereits wieder ins Auge gefasst werden (vgl. Abbildung 3).

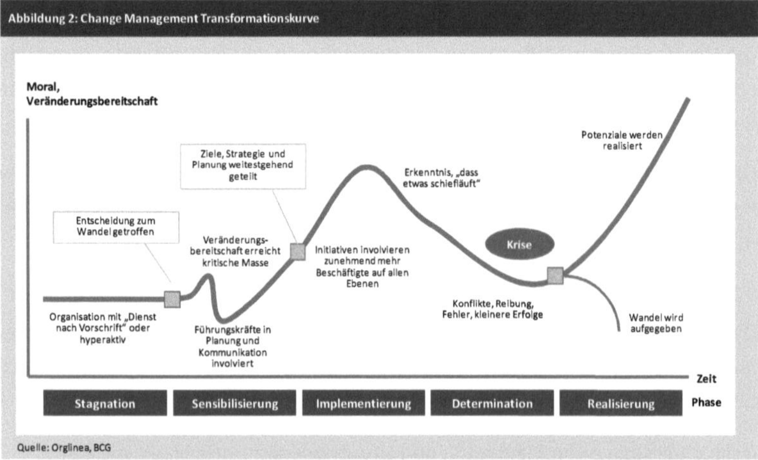

Abbildung 2: Change Management Transformationskurve

Quelle: Orglinea, BCG

Der Beratungsschwerpunkt beim Change Management liegt auf dem Coaching der Hauptverantwortlichen für den Wandel.

Projektmanagement

Die Etablierung eines internen Projektbüros ist bewährt für eine effiziente Unterstützung eines Veränderungsvorhabens. Das Projektbüro stellt die notwendigen Werkzeuge zur Verfügung, verfolgt den Projektfortschritt und stößt im Bedarfsfall Anpassungen an.

Im Projektmanagement liegen die Beratungsschwerpunkte auf der Bereitstellung von Werkzeugen für ein effektives Projektvorgehen und -monitoring sowie einem punktuellen Coaching für die Bewältigung von auftretenden Abweichungen.

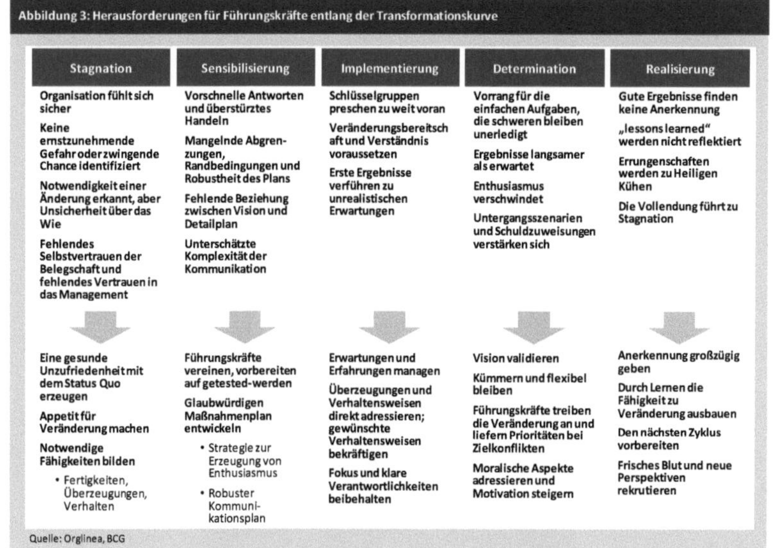

Schlankes Vorgehen und nachhaltige Resultate

Die OrgLinea-Roadmap ist darauf ausgelegt, ein Kostenmanagement nachhaltig einzuführen. Dabei kommen analytische Werkzeuge – Benchmarking, Aktivitäten- und Strukturanalyse – und ein integriertes Change Management zum Einsatz. Der Beratereinsatz beschränkt sich dabei auf eine schlanke und wirksame Unterstützung der Initiative.

Damit existiert eine Methodik, mit der ein konsequentes Kostenmanagement im Mittelstand eingeführt werden kann, die im Anschluss kontinuierliche Impulse liefert für eine fortgesetzte Verbesserung der Kostenposition.

Toyota-Produktionssystem

Kontinuierliche Verbesserung der Wettbewerbsfähigkeit mit einem vereinfachten Toyota-Produktionssystem

Management Summary

Kontinuierliche Verbesserung von Produktivität und Qualität, schlanke Organisation, Vermeiden von Verschwendung und Prozessorientierung sind einige Schlagworte für die Gestaltung einer modernen, effizienten Produktion.

Seit den 1950er Jahren hat Toyota diese Organisationsprinzipien in seinem weltweit anerkannten und oft bewunderten *Toyota Production System* (TPS) perfektioniert. Aber nicht alle Aspekte des TPS sind im Mittelstand, im Gegensatz zu multinationalen Großunternehmen, sinnvoll anwendbar. Dieser Artikel fokussiert daher auf die neun Kernelemente, die im Mittelstand für die Realisierung einer schlanken Produktion umgesetzt werden können.

Ausgangslage

Kontinuierliche Verbesserung von Produktivität und Qualität, schlanke Organisation, Vermeiden von Verschwendung und Prozessorientierung sind einige Schlagworte für die Gestaltung einer modernen, effizienten Produktion.

Seit den 1950er Jahren hat Toyota diese Organisationsprinzipien in seinem weltweit anerkannten und oft bewunderten *Toyota Production System* (TPS) perfektioniert. Aber nicht alle Aspekte des TPS sind im Mittelstand, im Gegensatz zu multinationalen Großunternehmen, sinnvoll anwendbar. Dieser Artikel fokussiert daher auf die neun Kernelemente, die im Mittelstand für die Realisierung einer schlanken Produktion umgesetzt werden können. Wir bezeichnen dies als ein vereinfachtes TPS für den Mittelstand. Die Grundzüge gehen auf die Automobilproduktion von Toyota zurück, das TPS ist jedoch nicht auf die industrielle Fertigung beschränkt, sondern kann auch in Dienstleistungs-, Administrations- und Entwicklungsbereichen umgesetzt werden.

In diesem Artikel charakterisieren wir zunächst dieses vereinfachte TPS und geben dann Hinweise darauf, wie dieses bei einem mittelständischen Automobilzulieferer erfolgreich eingeführt wurde.

Die Elemente eines vereinfachten TPS für den Mittelstand

Das TPS ist langfristig und auf permanente Verbesserungen ausgelegt. Wesentliches Merkmal ist, dass sich jeder Zustand im Hinblick auf sein Ideal weiter verbessern lässt. Auftretende Fehler sind Antrieb, den Fehlerursachen auf den Grund zu gehen und mit geeigneten Maßnahmen sicherzustellen, dass diese Fehler nicht wiederholt auftreten. Dies erfordert eine hohe Disziplin der Belegschaft und eine entsprechende unternehmenskulturelle Verankerung, die gegenseitigen Respekt aktiv einfordert.

Dieser Philosophie folgend haben wir neun Kernelemente des TPS identifiziert für eine erfolgreiche Umsetzung im Mittelstand:

- *Smart-just-in-time*-Konzept
- Flussorganisation

- Standardisierung
- Bestandsminimierung
- *Andon*
- Visualisierung
- Systematische Fehleranalyse
- Fertigungsorientierte Produktentwicklung
- Lieferantenintegration

Smart-just-in-time-Konzept

Ein erweitertes *just-in-time*-Konzept, das den vom Kunden gewünschten Zeitpunkt ergänzt um die Aspekte der vom Kunden gewünschten Produkte und Leistungen in der vereinbarten Qualität und Menge am richtigen Ort. Ziel ist, diese fünf Kriterien gleichzeitig zu erfüllen und dies auch für Vorprodukte und Vorleistungen zu gewährleisten:

Kundenwunschtermin. Der vom Kunden gewünschte Termin wird als unumstößliche Vorgabe akzeptiert. Alle vorgelagerten Prozessschritte werden auf die Einhaltung dieses Kundenwunschtermins ausgerichtet (*just in time*).

Gewünschte Produkte und Leistungen. Der Kunde erhält exakt die gewünschten Produkte und Leistungen. In den vorgelagerten Schritten werden genau die Vorprodukte erstellt oder bereitgestellt, die für die gewünschten Endprodukte und Endleistungen erforderlich sind.

Vereinbarte Qualität. Die Produkte und Leistungen werden exakt in der mit dem Kunden vereinbarten Qualität gefertigt. Hierbei werden neben Defektraten auch Qualitätsmerkmalen wie Maßtoleranzen und Materialeigenschaften berücksichtigt. Dieser Qualitätsanspruch gilt analog für Vorprodukte.

Vereinbarte Menge. Es wird exakt die mit dem Kunden vereinbarte Menge produziert. Die Fertigung von Über- oder Untermengen wird ausgeschlossen. Dies gilt analog für Vorprodukte gemäß ihrer Stückliste oder Rezeptur.

Richtiger Ort. Alle End- und Vorprodukte werden an ihrem definierten Ort bereitgestellt. Diese Übergabestellen sind eindeutig gekennzeichnet.

Das *smart-just-in-time*-Konzept ist dann richtig umgesetzt, wenn seine fünf Kriterien gleichzeitig und auf Dauer erfüllt werden.

Flussorganisation

Die gesamte Organisation wird analog eines Flusses ausgerichtet. Produktion, nebengelagerte Bereiche und Administration werden so organisiert, dass sie harmonisch, einem kontinuierlichen Fluss entsprechend, ineinander greifen.

Acht Gestaltungsprinzipien erleichtern die Einführung eines kontinuierlichen Produktionsstroms.

Abbildung 1: Reaktionszeit und Kosten

Quelle: Orglinea

Reaktionszeiten verkürzen. Je früher ein Fehler nach seinem Eintritt entdeckt wird, desto niedriger sind die Kosten seiner Beseitigung. Entsprechend werden die Kontrollpunkte in der Fertigung und in den nebengelagerten Bereichen gesetzt (vgl. Abbildung 1).

Vorbeugende Instandhaltung. Durch die vorbeugende Wartung der gesamten Produktionsinfrastruktur sollen ungeplante Fertigungsunterbrechungen durch ad hoc auftretende Maschinenstörungen weitestgehend vermieden werden. Die zeitliche Synchronisation von Wartungs- und Rüstarbeiten optimiert dabei die Anlagenverfügbarkeit.

Rüstzeiten verkürzen oder vermeiden. Der Idealfall ist der Ein-Stück-Fluss ohne Rüstunterbrechungen.

Ein Automobilzulieferer konnte beispielsweise die Rüstdauer in einem Bearbeitungszentrum von 214 Minuten innerhalb von vier Jahren um 92 % auf 17

Minuten senken. Dabei kamen im Laufe der Zeit neben Prozessoptimierungen – die gezielte Bereitstellung von Werkzeugen, Einführung von Checklisten, Prozessstandardisierung – auch verbesserte Technologien wie moderne Spann- und Vorrichtungssystem zum Einsatz.

Arbeitsschritte parallelisieren. Gegenüber der sequentiellen Fertigung in Einzelarbeitsschritten können bei einer parallelen Bearbeitung, beispielsweise in einer Fertigungsinsel, die Durchlaufzeiten und Zwischenlagerbestände oft deutlich gesenkt werden (vgl. Abbildung 2).

Abbildung 2: Parallelisierung (Illustration)

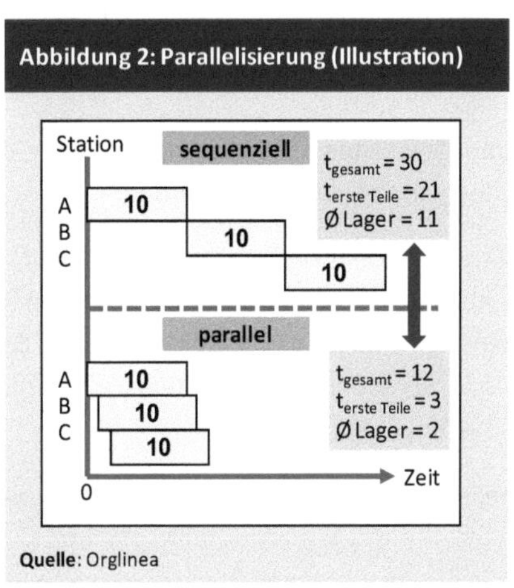

Quelle: Orglinea

5 S. Ein umfassendes System mit fünf Aspekten für die Arbeitsplatzgestaltung zur nachhaltigen Vermeidung von Verschwendung. Standort: Jedes Betriebsmittel erhält seinen definierten Standort mit entsprechender Kennzeichnung. Selektion: Bei allen Gegenständen wird die Notwendigkeit überprüft. Nichtnotwendige Gegenstände werden eliminiert, selten benötigte weiter weg gelagert, um die dauernd benötigten im direkten Zugriff zu halten. Sauberkeit: Alle Bereiche und Betriebsmittel werden von Schmutz befreit. Stabilisierung: Durch organisatorische Maßnahmen wird sichergestellt, dass Standort, Selektion und Sauberkeit nachhaltig beibehalten und eventuell weiter verbessert werden. Selbstdisziplin: Die Selbstdisziplin aller Beteiligten zur Aufrechterhaltung von 5 S wird regelmäßig überprüft.

Grafische Arbeitsanweisungen. Bildhafte Arbeitsanweisungen mit Fotos und Grafiken an allen Arbeitsstationen erleichtern das Verständnis für die zu erledigenden Aufgaben.

Poka Yoke. Mit *Poka Yoke* (ursprünglich *Baka Yoke* = Narrensicherheit) das Auftreten von Fehlern technisch-konstruktiv und damit sicher vermeiden. Beispielsweise durch die Kodierung von Betriebsmitteln eine Falschbedienung sicher ausschließen.

Mehrmaschinenbedienung. Mehrere Maschinen durch eine Person bedienen lassen, solange die Arbeitsintensität dies zulässt.

Standardisierung

Abläufe, Prozesse und Tätigkeiten so weit standardisieren, dass Abweichungen und Sonderfälle weitestgehend vermieden werden.

Dabei wird jede Aktivität strukturiert nach Inhalt, Ablauf, Zeit, Ergebnis und Wertschöpfung aus Kundensicht. Die Aktivitäten werden in ihrer - möglichst parallelisierten – Reihenfolge direkt miteinander verbunden. Dabei Unterbrechungen vermeiden, Flüsse vereinfachen, unmittelbare Reaktionen ermöglichen, Taktzeiten und Pull-System einführen.

Das Ziel sind robuste, integrierte und standardisierte Prozesse.

Bestandsminimierung

Bei einer idealtypischen flussorientierten Prozessorganisation treten Zwischenlagerbestände nicht mehr auf.

Dies reduziert die Kapitalkosten und erhöht die operative Effizienz durch die Eliminierung von Einlagerungs-, Lagerhaltungs- und Auslagerungstätigkeiten.

Entstehen dennoch Zwischenlagerbestände im Tagesgeschäft, so sind diese eine klare Indikation auf Prozessprobleme und ermöglichen so eine sofortige Reaktion und Fehleranalyse. Der verschleiernde Charakter von Beständen entfällt.

Andon

Andon ist der sofortige Stopp bei Erkennen eines Fehlers, um so eine kostenintensive Fehlerverschleppung zu vermeiden.

In der Vergangenheit wurden oft ganze Fertigungslinien bei Auftreten eines Fehlers solange gestoppt, bis dieser Fehler behoben war. Inzwischen werden fehlerhafte Bauteile gezielt ausgetaktet, nachgearbeitet und anschließend wieder eingetaktet, um eine Arbeitsunterbrechung an eigentlich nicht betroffenen Arbeitsstationen zu vermeiden.

Visualisierung

Die laufende Visualisierung von Zuständen und Fertigungsfortschritten ermöglicht die zeitnahe Reaktion auf mögliche Abweichungen. *Andon* und Visualisierung hängen eng miteinander zusammen.

Zum Einsatz kommen können Maschinenampeln, Fertigungsleitstände mit Betriebsdatenerfassung und Projektrückmeldungen im Projektgeschäft. Auf die Signalwirkung von Zwischenlagerbeständen wurde oben bereits hingewiesen.

Systematische Fehleranalyse

Jeder Zustand und jedes Ergebnis, das nicht den hier dargestellten Prinzipien einer schlanken Organisation entspricht, stellt eine Abweichung dar.

Mit einer systematischen Fehleranalyse soll den Ursachen dieser Abweichungen auf den Grund gegangen werden, um ein wiederholtes Auftreten künftig möglichst zu vermeiden. Im Kern besteht die systematische Fehleranalyse aus sechs Schritten:

1. Problem identifizieren
2. Problem konkretisieren
3. Ursachen lokalisieren
4. Abstellmaßnahmen zur Problembeseitigung einleiten
5. Problemlösung verifizieren
6. Verifizierte Abstellmaßnahmen auf vergleichbare potenzielle Probleme anwenden

In der Automobilindustrie hat sich die 8D-Bearbeitung von Fehlern etabliert. Dabei werden diese sechs Schritte erweitert um die Validierung des sechsten Schrittes und eine abschließende Kommunikation der erfolgreichen Problemlösung.

Drei Methoden unterstützen die Lokalisierung der Problemursachen und damit das vertiefte Verständnis über die Ursachen-Wirkungszusammenhänge:

Die nächsthöhere Ebene betrachten: Abstraktion von der konkreten Problemebene auf die nächsthöhere Systemebene. Beispielsweise von Arbeitsschritt auf Prozess, von Prozess auf TQM-System, von Betrieb auf Kunden und Lieferanten, von Maschine auf Maschinenpark und von Individuum auf Team und Unternehmen.

Probleme durch Beobachten verstehen. Der *Genichi Genbutsu* ist der „Ingenieur in der Fertigung", der die auftretenden Abweichungen am Ort ihres Entstehens beobachtet. Analog in nebengelagerten und administrativen Bereichen.

5-*Why*-Analyse: Die fünfmalige Frage nach dem Warum führt zur eigentlichen Problemursache.

In einem konkreten Fall wurde das Problem eines ungeplanten Maschinenstillstands in einer 5-*Why*-Analyse weiter untersucht:

1. Frage: Warum hat die Maschine angehalten? Antwort: Durch eine Überlastung ist die Sicherung durchgebrannt
2. Frage: Warum ist die Überlastung aufgetreten? Antwort: Das Lager der Maschine war nicht ausreichend geschmiert
3. Frage: Warum war das Lager nicht ausreichend geschmiert? Antwort: Die Ölpumpe hat nicht ausreichend gepumpt
4. Frage: Warum hat die Ölpumpe nicht ausreichend gepumpt? Antwort: Die Welle der Ölpumpe ist ausgeschlagen
5. Frage: Warum ist die Welle der Ölpumpe ausgeschlagen? Antwort: Es war kein Sieb angebracht, weshalb Metallspäne in die Ölpumpe gerieten und dort das Ausschlagen der Welle verursacht haben

Die systematische Fehleranalyse ist Grundlage für ein tiefes Problemlösungsverständnis und ist ein wesentliches Element einer lernenden Organisation.

Fertigungsorientierte Produktentwicklung

Etwa 60-80 % der Herstellkosten eines Produkts werden in der Konzeptionsphase festgelegt. *Front Loading*, Wissensmanagement und rigorose Standardisierung in der Entwicklung helfen, Produkte so zu entwickeln, dass diese später im Flussprinzip gefertigt werden können.

Abbildung 3: Vereinfachtes *Toyota Production System* für den Mittelstand

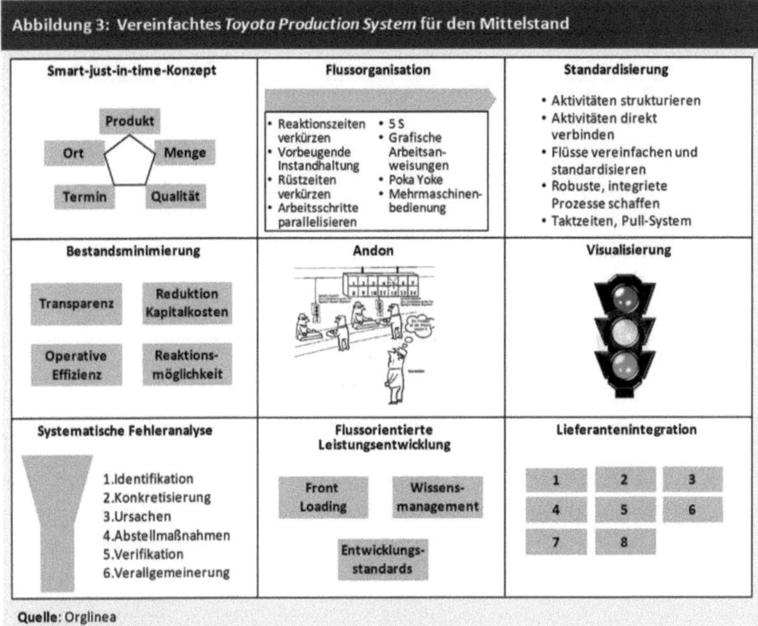

Quelle: Orglinea

Front Loading: Probleme möglichst frühzeitig in der Konzeptions- und Konstruktionsphase erkennen und lösen. Ziel ist, 80 % der möglichen Fehler bereits vor dem Bau des ersten Prototypen zu lösen. Die Fehlermöglichkeits- und Einflussanalyse (FMEA) ist ein leistungsfähiges Werkzeug für die frühzeitige Fehlererkennung.

Wissensmanagement: Der umfassende Zugriff auf Projekt-, Produkt- und Prozessdaten unterstützt die Entwickler darin, mögliche Probleme von Anfang an zu vermeiden. Die Entwicklungstätigkeit bekommt dadurch einen zunehmend anspruchsvollen und interdisziplinären Charakter.

Standardisierung in der Entwicklung: Die rigorose Standardisierung von Entwicklungsprozessen, Komponenten und Produkten verringert das Risiko späterer Abweichungen.

Lieferantenintegration

Die oben aufgezeigten acht Elemente eines vereinfachten TPS für den Mittelstand werden idealerweise auch bei den Lieferanten implementiert. Die Möglichkeit zur Umsetzung hängt dabei von der Verhandlungsmacht des Unternehmens ab. Große Lieferanten werden bereits verbleichbare Produktionssysteme im Einsatz haben. Bei kleineren Lieferanten sollte die Möglichkeit geprüft werden, im Rahmen der Lieferantenentwicklung die Einführung eines solchen Systems aktiv zu begleiten.

Abbildung 3 fasst die von uns identifizierten neun Gestaltungsprinzipien eines vereinfachten TPS für den Mittelstand zusammen.

Die Einführung eines vereinfachten TPS bei einem Automobilzulieferer

Ein Automobilzulieferer hatte dieses vereinfachte TPS eingeführt. Dabei hatte sich gezeigt, dass dieses nicht isoliert implementiert werden konnte, sondern auch die relevanten Umsysteme – Personalmanagement, Controlling, Qualitätsmanagement, IT –auf das TPS auszurichten waren. Dabei kam der Unternehmenskultur eine besondere Bedeutung zu[5]. Diese Systemänderungen konnten nicht „über Nacht" implementiert werden, sondern wurden im Sinne eines *Change Management* eingeführt, das im Laufe der Zeit Feinjustierungen erforderte.

Ein wesentlicher Aspekt war die aktive Beteiligung der Beschäftigten. So wurden alle Teamleiter in den Methoden des TPS und in den Methoden der Workshop-Moderation geschult. Dabei wurden die Beschäftigten nicht nur in der Phase der Implementierung eingebunden, sondern im Sinne der kontinuierlichen Verbesserung anschließend auch in regelmäßigen Optimierungsworkshops mit ihren Teamleitern.

Die Einführung dieses vereinfachten TPS ermöglichte dem Automobilzulieferer eine langjähriges nachhaltiges, organisches Wachstum mit signifikanten Produktivitätssteigerungen.

---

[5] Vgl. Orglinea-Artikel „Die sechs Eckpfeiler einer modernen Unternehmenskultur"

Über OrgLinea

Die Steigerung der Wettbewerbsfähigkeit ist für jedes Unternehmen eine permanente Aufgabe. In Zeiten von Globalisierung und Digitalisierung mit steigenden Kunden- und Mitarbeiteranforderungen nimmt der Konkurrenzdruck durch etablierte und neue Wettbewerber stetig zu. Die OrgLinea hilft mittelständischen Unternehmen, diese Herausforderungen zu meistern und ihre Wettbewerbsfähigkeit messbar zu erhöhen.

Seit 2003 unterstützt die OrgLinea mittelständische Unternehmen in den Bereichen Effizienzsteigerung und Unternehmensnachfolge. Außerdem stehen wir als Ansprechpartner für Startups zur Verfügung.

www.orglinea.com

Printed by Books on Demand GmbH, Norderstedt / Germany